ÉTUDE

SUR LA

PROTECTION DU TRAVAIL INDUSTRIEL

Communication faite le 10 août 1894

à l'Association française pour l'avancement des Sciences

(CONGRÈS DE CAEN)

PAR

MM. BLAISE ET SALMIN

Ingénieurs des Arts et Manufactures

ROUEN

Imprimerie Cagniard, Léon Gy, neveu et successeur

rue Jeanne-Darc, 88, et des Basnage, 3

1894

ÉTUDE

SUR LA

PROTECTION DU TRAVAIL INDUSTRIEL

Communication faite le 10 août 1894

à l'Association française pour l'avancement des Sciences

(CONGRÈS DE CAEN)

PAR

MM. BLAISE ET SALMIN

Ingénieurs des Arts et Manufactures

ROUEN

Imprimerie Cagniard, Léon Gy, neveu et successeur

rues Jeanne-Darc, 88, et des Basnage, 5

—

1894

ÉTUDE

SUR LA

PROTECTION DU TRAVAIL INDUSTRIEL

POURQUOI LA PROTECTION ?

« La nécessité de l'intervention de la loi dans les questions d'hygiène industrielle, dit M. Napias, n'est plus à démontrer. »

Nous ne nous y arrêterons pas. Aussi bien cette intervention a-t-elle été, dès le début, combattue par les arguments les plus spécieux des philosophes et des économistes, livrée aux meilleurs assauts des chefs d'industrie épris, à son occasion, d'un amour inaccoutumé de la « liberté. »

Aux théories les mieux combinées pour soutenir le système du laisser-faire, les partisans de la réglementation paraissent s'être bornés à opposer des exemples et des faits, à porter la lumière sur les abus; plus tard, ils ont comparé les résultats obtenus par l'intervention de l'État, dans les premiers pays qui l'avaient admise, avec ceux de cette « liberté du travail » tant vantée chez leurs voisins. Ils ont montré d'un côté l'instruction, la moralisation des populations ouvrières succédant aux anciennes périodes de dépérissement; de l'autre, ils ont signalé l'abrutissement et l'étiolement profond des races, le rachitisme si positivement constaté par les conseils de révision militaires. Ils ont tiré leurs arguments du démenti formel donné par l'expérience aux principes jadis admis.

En fait, ils ont triomphé partout où ils ont livré bataille ; et, dans toutes les nations industrielles, l'État est intervenu à des degrés divers et sous des formes variées, pour régler les conditions du travail.

Les économistes de la vieille école, ceux même qui luttent encore désespérément dans le domaine de la science spéculative où l'on est venu depuis les combattre, ont souvent laissé fléchir leurs principes devant l'évidence des abus les plus criants ; et, bien qu'à regret, bien qu'avec des restrictions sans nombre, ils ont admis comme inévitables dans la pratique les mesures les plus importantes. (Discussions au Parlement.)

BUT QUE NOUS NOUS PROPOSONS

Nous nous proposons d'examiner rapidement les progrès accomplis dans cette question complexe de la réglementation aux trois points de vue qui préoccupent les hygiénistes : les heures de travail, la salubrité, la sécurité des travailleurs, suivant les modifications des procédés industriels et de l'outillage, à travers les temps.

Rendons hommage, en passant, à des dévouements illustres ; rappelons les noms des hommes de cœur qui, touchés par la condition misérable des classes ouvrières, ont étudié et fait avancer cette question, sans se laisser rebuter par les difficultés incessantes et subtiles qu'elle soulève, depuis celui de sir Robert Peel, l'un des premiers et des plus grands, jusqu'aux noms qui méritent d'être inscrits au frontispice de nos dernières lois :

De Freycinet, J.-B. Dumas, de Hérédia, Ambroise Joubert, Tallon, docteur Napias, Engel-Dollfus, Cheysson, Jules Simon, de Mun, Tolain, Bouquet, Félix Faure, Martin Nadaud, etc., et, entre tous, Richard Waddington qui se retrouve à chaque étape de la préparation de la loi nouvelle.

HISTORIQUE

La forme la plus ancienne qu'ait revêtue la réglementation du travail est celle des maîtrises qu'on rencontre dès le moyen âge.

L'origine en est connue : c'est un vestige de l'ancienne organisation romaine, des « corpora opificum » de l'époque impériale qui, çà et là, dans le Midi surtout, ont survécu aux invasions et ont pu éviter le servage ; elles se confondent bientôt avec l'usage germanique des « ghildes », associations dont les membres prenaient l'engagement de se porter secours et qui célébraient leur union par des festins sacrés.

Du ve au xie siècle, par suite du besoin de sécurité qui pousse les faibles à se réunir et à se soutenir mutuellement, ce système se développe et tend à se régulariser. Charlemagne le prohibe, l'Église le condamne d'abord ; mais les associations des artisans, répondant à un besoin pressant, finissent par vaincre ou tourner tous les obstacles; dès le XII⁰ siècle, elles sont légalement reconnues, solidairement établies sous le nom de « confréries » ou « communautés » de métiers (1). Les rois, dans un but intéressé, leur ont prêté assistance ; elles ont fléchi les sévérités de l'Église en se mettant sous la protection d'un saint.

M. Van Overberg fait un tableau séduisant de la « famille professionnelle » : pas de concurrence effrénée, pas de classes; l'ouvrier peut s'élever au rang de maître, le maître d'aujourd'hui peut devenir l'ouvrier de demain.

En effet, ce n'est pas dans l'organisation déjà si parfaite des confréries qu'il faut rechercher les malheurs de ce temps : les artisans, soumis entre eux à un régime égalitaire, forment des classes à part. Ces classes possèdent un monopole, des privilèges; les rois approuvent leurs statuts et leur donneront bientôt des armoiries (2). Quelques communautés acquièrent avec la richesse une véritable puissance : les drapiers administrent Rouen, les métiers flamands se mesurent sur les champs de bataille avec la chevalerie du roi de France. Mais, si les communautés, poussées à bout par les exactions féodales, prennent quelquefois les armes, leur rôle est généralement moins brillant, leur but plus modeste ; elles ne songent qu'à défendre leur monopole, à soutenir leur bon renom, à conserver leurs privilèges, à maintenir entre leurs membres un régime uniforme, à régler les rapports entre les « appentifs », les « valets-ouvriers » et les « maîtres. »

Des « gardes-jurez » généralement élus par les maîtres pour une période de deux à quatre ans, sont chargés de surveiller l'observation des statuts, de vérifier la qualité de la marchandise, de défendre le monopole contre la production extérieure. Ils font passer les examens de maîtrise et apprécient le « chef-d'œuvre. »

Le maître ne peut avoir qu'un seul apprenti ; s'il le traite mal, il est puni. Le travail du dimanche et des jours de fête est interdit, presque toujours aussi le travail de nuit ; la durée de la journée est quelquefois fixée. Toutes ces prescriptions sont d'une observation facile : la concurrence n'existe pas.

Au cours des temps, cette organisation est tantôt soutenue, tantôt attaquée par les seigneurs et par les rois. Charles V ordonne un jour « que tous ceux qui peuvent faire œuvre bonne puissent ouvrer en la ville de Paris » ; Charles VI, vainqueur des Flamands,

---

(1) Le mot « corporation » est plus moderne.
(2) Elles en furent toutes pourvues par l'édit fiscal de 1697.

supprime, en 1383, les privilèges des métiers parisiens, puis les rétablit moyennant finances.

Trois siècles se passent : le gouvernement de Louis XIV, sous l'impulsion de Colbert, donne aux métiers une réglementation minutieuse, leur imposant la matière première, l'outil, le produit, etc. ; mais ces prescriptions, d'une observation impossible, servent plus tard de prétexte aux exactions et font naître l'idée de la liberté.

Plus tard, la liberté de varier les produits, les procédés, de faire mal au besoin, est revendiquée ; au grand étonnement des gouvernements, l'acheteur préfère la marchandise non réglementaire.

A cette époque, les communautés ont, pour la plupart, changé de forme : les maîtres enrichis tendent à s'en séparer ; la solidarité des ouvriers s'étend de ville en ville ; leurs conventions resteront secrètes lorsque les édits ne les autoriseront plus : c'est le compagnonnage.

Mais la confrérie, devenue le compagnonnage, a perdu une partie de son ancienne puissance ; un nouveau mode industriel s'est développé auprès d'elle. Des maîtres n'admettent plus à leur table des valets ouvriers qu'ils emploient maintenant en grand nombre ; les affaires croissent de plus en plus ; mais les monopoles se trouvent submergés sous le flot de la production extérieure ; la concurrence est née, il faut lutter. On s'ingénie à utiliser les bras inhabiles que viennent offrir les paysans, attirés vers les villes par l'appât du gain ; on leur confie l'exécution d'une opération partielle, toujours la même ; et l'objet à fabriquer passe ainsi de main en main jusqu'à son achèvement.

« Le travail le plus compliqué, dit M. Van Overbergh, se trouve décomposé en une série de mouvements simples d'une exécution relativement facile ; à chacun de ces mouvements se spécialise un ouvrier, suivant ses aptitudes et ses goûts. Cet ouvrier parcellaire acquiert, par la répétition continue du même acte, une dextérité étonnante..... » C'est le système de la manufacture. Le nouveau mode n'est soumis à aucune des règles de la confrérie ; il est vivement attaqué par celle-ci sur tous les terrains où il se rencontre avec elle ; il se réclame du principe nouveau et peu admis de la liberté du travail jusqu'à ce que lui-même ait obtenu des privilèges. Ces privilèges sont octroyés par Colbert aux manufactures qu'il crée, relève, retient ou attire en France ; le grand ministre juge même utile d'accorder aux entrepreneurs des subventions sur les deniers de l'État, de fermer pour eux les portes à l'importation étrangère. Cette impulsion gouvernementale, ces mesures de protection à outrance sont d'ailleurs indispensables pour lutter à la fois contre les industries plus anciennes des pays voisins et contre le « compagnonnage » hostile au mode nouveau.

Un siècle après, les manufactures, malgré les avantages qu'elles doivent à la division du travail, sont encore considérées comme ne pouvant prospérer sans privilèges et sans lois protectrices.

« A la grande manufacture, dit l'*Encyclopédie*, tout se fait à coup de cloche, les ouvriers sont plus contraints et plus gourmandés. Les commis accoutumés avec eux à un air de supériorité et de commandement, qui véritablement est nécessaire avec la multitude, les traitent durement et avec mépris ; de là, il arrive que ces ouvriers ou sont plus chers ou ne font que passer dans la manufacture et jusqu'à ce qu'ils ayent trouvé à se placer ailleurs. Chez le petit fabriquant, le compagnon est le camarade du maître, vit avec lui comme avec son égal, a sa place au feu et à la chandelle, a plus de liberté et préfère enfin de travailler chez lui. Cela se voit tous les jours dans les lieux où il y a des manufactures réunies et des fabriquants particuliers. Les manufacturiers n'y ont d'ouvriers que ceux qui ne peuvent pas se placer chez les petits fabriquants, ou des coureurs qui s'engagent et quittent journellement et, le reste du temps, battent la campagne tant qu'ils ont de quoi dépenser. L'entrepreneur est obligé de les prendre comme il les trouve, il faut que sa besogne se fasse ; le petit fabriquant qui est le maître de son temps et qui n'a point de frais extraordinaires à payer, pendant que son métier est vacant, choisit et attend l'occasion avec bien moins de désavantage. »

Les conditions du travail ne s'améliorent pas ; mais le malaise des manufacturiers va bientôt cesser. La division du travail leur permet déjà d'employer les femmes et les enfants; d'ailleurs, un personnel nouveau s'est créé. Le travailleur de la manufacture « incapable de rien faire en dehors de l'opération spéciale dont il a pris l'habitude » va se trouver le jouet des exigences de l'entrepreneur. Celui-ci devient peu à peu tout puissant vis à vis de ses employés ; pressé par l'accroissement des affaires, obligé de faire face à de lourdes charges, il augmente le nombre des heures de travail et diminue les salaires. Il peut abuser : une classe de travailleurs s'est formée pour lui et ne peut vivre que par lui.

Les perfectionnements apportés dans les instruments du travail, dans la répartition des opérations partielles, la plus grande facilité de recrutement du personnel mettent désormais la manufacture en état de lutter contre le corps du métier ; mais celui-ci détient encore, de par ses privilèges, la grande masse des débouchés. C'est à cette époque que les économistes, au nom du droit naturel, proclament victorieusement le principe de la liberté du travail. Turgot en devient l'apôtre et le soutien puissant; il le consacre dans l'*Édit sur les maîtrises et jurandes*.

Turgot tombe et sa réforme avec lui; mais le compagnonnage est désorganisé; la Révolution l'abolit définitivement par le décret du 17 juin 1791. La manufacture triomphe alors; l'ouvrier isolé se trouve forcé plus que jamais d'accepter les conditions que lui dicte l'employeur; celui-ci, seul maître en fait, se croit en droit d'exiger l'obéissance de ses employés et il se plaint de leur insubordination.

Deux classes se sont ainsi formées : les « capitalistes » et les « travailleurs ». La toute puissance des premiers s'irrite de la résistance fréquente bien qu'inutile des autres.

Rassemblant en un coup d'œil synthétique ces quatre faits : — « et la fièvre productrice surexcitée par l'appât du gain promis par les débouchés nouveaux — et le besoin de l'employeur de se rendre indépendant de ses employés — et la perfection de l'outillage professionnel — et l'adresse automatique du travailleur qui suggère l'idée d'une sorte de rouage mécanique ». M. Van Overbergh fait ressortir comment ces conditions appelaient la création de la machine-outil et d'un moteur mécanique dont la machine à vapeur est venue remplir le rôle. « La machine à vapeur et la liberté du travail, dit-il, tels sont les deux faits fondamentaux qui dominent le régime industriel de l'époque contemporaine. »

Aux forces primitives qui avaient été l'homme, puis les animaux, avaient d'abord succédé les forces naturelles : le vent, les chutes d'eau, dont l'utilisation était connue depuis plusieurs siècles, mais qui, jusque-là, n'avaient servi qu'aux moulins (1); la vapeur, source d'énergie d'une régularité absolue et aussi grande qu'on veut se la donner a fait naître la forme moderne de la grande industrie : l'usine. Progrès immense au point de vue général de l'industrie, de la production, du bien-être du consommateur, l'usine a aggravé l'état de dépendance des travailleurs en rendant leur habileté et leur force inutiles, leur nombre exagéré par rapport aux besoins de l'employeur. Dans ces derniers temps, pour quelques applications n'exigeant qu'un travail faible ou facile à fractionner, la machine à vapeur a dû céder la place à des moteurs nouveaux ou cesser de fournir directement son énergie. Les moteurs à gaz, à pétrole, à air chaud; la distribution du travail moteur à domicile par l'eau sous pression, par l'air comprimé, par l'électricité, qui se prête à tant de

(1) Le moulin à vent paraît avoir été importé en Europe par les Croisés. Le moulin hydraulique était connu au temps d'Auguste.

transformations et tant d'usages, donnent le vague espoir qu'un jour viendra où l'usine n'aura plus le monopole absolu de toutes les grandes industries et où un grand nombre de travailleurs pourra vivre en dehors d'elle.

LES LOIS PROTECTRICES.

Avec la machine à vapeur, l'emploi de la femme et de l'enfant, exceptionnel et temporaire pendant la période manufacturière, devient régulier et général, souvent exclusif. Ce que la salubrité a gagné à l'emploi des machines a été en partie perdu par l'insécurité qui en est résultée et par l'admission des faibles au travail.

D'ailleurs, les procédés de la chimie moderne et l'immense extension qui leur a été donnée ont introduit de nouvelles causes d'insalubrité plus générales que jadis et qui justifient amplement ces paroles de M. de Freycinet : « La plupart des industries, on pourrait dire toutes les industries, sont insalubres. » Dès la fin du siècle dernier, de grandes villes industrielles, comme Mulhouse et Rouen, réclament une réglementation et « l'amélioration d'un travail qu'on devrait rendre moins dangereux ». Elles manifestent hautement leur sollicitude pour les ouvriers employés dans leurs ateliers, sans se laisser arrêter par des considérations d'intérêt.

Ces différentes causes ont donné naissance, dans tous les pays, à des lois de salubrité et de sécurité, ainsi qu'à des lois spécialement et personnellement protectrices de l'enfant, de la femme et quelquefois aussi de l'ouvrier adulte.

« La réglementation légale du travail, dit M. Bouquet, a été la conséquence nécessaire de la révolution qu'apporta dans l'industrie l'introduction de l'outillage mécanique.

« Alors — dit l'honorable M. Tallon, dans son rapport à l'Assemblée nationale sur le projet qui devint plus tard la loi du 19 mai 1874 — alors, un danger imprévu jusque-là a sollicité l'attention et la prévoyance du législateur.

« L'enfant et la femme, placés jadis en dehors de toutes les prévisions des lois industrielles qui n'attachaient de prix qu'à la force, ont pu trouver dans une infinie variété de travaux un emploi auquel s'était refusée jusque-là leur faiblesse naturelle.

« Puis, les charges croissantes de la fabrication, les vicissitudes de la concurrence, l'infatigable et incessante activité des agents mécaniques, ont conduit l'industrie à mettre parfois de frêles créatures à son service au-delà du temps que permettent leurs forces, jour et nuit, dans des ateliers dont l'atmosphère peut altérer leur délicate organisation. Ainsi, on a pu craindre qu'entraînée par le mouvement qui la pousse sans cesse au plus grand développement possible, la production manufacturière ne sacrifiât à l'accroissement de la richesse, des droits plus respectables encore dans la personne de l'enfant qu'en toute autre et n'amenât, en absorbant les jeunes générations dans son immense effort, une dépression de leurs forces physiques et de leurs facultés intellectuelles.

« On sentit dès lors la nécessité de protéger l'enfance contre l'action dévorante du travail industriel. Si la vie de l'atelier peut porter atteinte à la santé de l'homme dans toute la vigueur de sa constitution, comment n'eût-on pas redouté son influence sur l'existence des êtres les plus faibles ? Les législateurs eussent gravement méconnu les devoirs de tutelle sociale qui sont imposés à chaque génération envers la génération qui s'élève, s'ils n'eussent songé à sauvegarder, dans la personne de l'enfant, les intérêts les plus sacrés de l'humanité.

« Ces principes nouveaux, qui rencontrèrent d'abord une assez vive résistance, ont été successivement appliqués dans la législation ouvrière de toutes les grandes nations industrielles et jouissent auprès de l'opinion publique d'une faveur de plus en plus marquée. »

Les lois générales de salubrité et de sécurité ont été, en effet, presque partout précédées par les lois ou réglementations sur le travail des enfants.

Celles-ci ont vu le jour les premières, parce qu'elles répondaient à un besoin plus urgent; elles obviaient à des abus plus effrayants, plus palpables. Elles ont donné naissance aux discussions les plus vives, aux plaintes les plus amères ; elles ont eu, dès leur éclosion, à supporter la quintessence des raisonnements des économistes, la résistance des patrons dont elles choquaient l'égoïsme, la défiance des travailleurs entretenue à dessein par des réductions de salaire, et souvent, qui pis est, l'indifférence et la mauvaise volonté des autorités chargées de les faire exécuter. Elles ont résisté, cependant, et chez presque tous les peuples, elles tendent à prendre un nouvel essor.

« C'est pour le législateur non seulement un droit, mais un devoir, disait M. R. Waddington, à la tribune, de prendre aux dépens, s'il le faut, d'intérêts particuliers les dispositions exigées par l'intérêt général. »

A part certaines dispositions prises dans quelques pays, à la fin du siècle dernier et au commencement de celui-ci, et qui restèrent d'ailleurs platoniques, c'est en Angleterre que fut promulguée, pour la première fois, une loi sur le travail des enfants (22 juin 1802) « Oui, c'est la patrie classique du laisser-faire, l'Angleterre, disait M. Louis Blanc, lors de la discussion de la loi de 1874, qui nous a donné ici l'exemple.

Dès 1796, les études de deux hygiénistes, les docteurs Athin et Perceval, commencent à éveiller la sollicitude publique; dès 1802, sir Robert Peel, manufacturier, père du grand ministre, opposant au mot de Pitt : « Prenez les enfants » le cri que lui inspiraient son humanité et sa grande intelligence : « Sauvez les enfants » remporte la première victoire sur le terrain de la protection.

La loi du 22 juin 1802 limitait à 12 heures la durée du travail des enfants dans les industries textiles, — un act de 1819 fixe l'âge d'admission au travail, — Un act de 1833, s'appliquant aux jeunes gens jusqu'à 18 ans, interdit le travail de nuit, — un act de 1844 étend les mêmes limitations au travail des femmes, — puis l'act du 8 juin 1847 condense les dispositions des lois précédentes et limite la durée du travail des enfants et des femmes à 11 heures par jour et 63 heures par semaine. Dès l'année suivante (1ᵉʳ mai 1848) le Ten Hours's Act abaisse cette limite à 10 heures par jour et 58 heures par semaine.

Il ne s'agissait encore que des industries textiles ; mais dès 1850 on étend le bénéfice de la loi à d'autres industries. Le 21 août 1867 est promulgué le Workshop Regulation Act, qui s'applique non seulement aux usines, manufactures et mines, mais à tous les ateliers où travaillent des enfants, des jeunes gens ou des femmes.

Enfin le 27 mai 1878 fut édicté le Factory and Workshop Act, refondant toute la législation en une loi unique, comprenant toutes les prescriptions de salubrité et de sécurité, la limitation de la durée du travail des enfants, des jeunes gens et des femmes.

Cette limitation a depuis entraîné en fait celle du travail des ouvriers adultes.

On voit quelle marche énergique, quelle progression incessante le système de la réglementation a suivie en Angleterre, pendant trois quarts de siècle, sans s'arrêter aux objections de principe toujours debout pour faire échec aux mesures utiles, ni aux prédictions pessimistes plus inquiétantes des orateurs opposés à la protection.

Et quel éclatant triomphe ce fut pour ses partisans, lorsque des adversaires d'une haute bonne foi, cédant à l'évidence des faits, ont reconnu leur erreur comme sir John Graham, en 1860 : « J'ai une confession à faire à la Chambre; l'expérience a montré, à ma grande satisfaction, que beaucoup de prédictions faites contre le Factory Bill ne se sont pas réalisées, et que, en somme, cette grande mesure a contribué à l'amélioration des classes laborieuses, sans faire tort aux patrons. Par mon vote de ce soir, je m'efforcerai de réparer l'opposition que j'ai faite autrefois au Factory Bill. »

L'exemple de l'Angleterre fut d'abord suivi par la Prusse, où une ordonnance royale, en 1839, édicta des dispositions très complètes.

« Ce qui est intéressant tout particulièrement, dit M. Napias, ce qu'il faut que sachent les hygiénistes, ce que je voudrais faire savoir aussi à tous les industriels qui, dans notre pays, se refusent à reconnaitre les bienfaits de la loi et cherchent tous les moyens d'y échapper, c'est qu'en Prusse la première disposition législative protectrice du travail des enfants fut prise sur les instances d'un officier de recrutement nommé de Horn, qui avait signalé le faible contingent fourni par les districts manufacturiers, où de nombreux enfants travaillaient aux fabriques. On voit que ces mesures législatives n'étaient pas seulement inspirées par un pur amour de l'hygiène et qu'elles répondaient en même temps à un ardent sentiment patriotique. »

Cet exemple est aussi excellent à citer aux gens très nombreux auxquels les considérations humanitaires semblent odieuses et qui affectent de ne pas croire à leur sincérité.

La Prusse fut immédiatement suivie par l'Autriche (1839) et par le Grand-Duché de Bade (1840). Puis vint le tour de la France (1841), et ensuite ceux de la Bavière (1841) et de la Suède (1846).

Partout on a commencé par réglementer le travail des mines, des usines, des manufactures, particulièrement de l'industrie textile, où les abus étaient les plus criants et les plus nombreux; puis est venu le tour de l'atelier.

Partout on observe une progression incessante dans les mesures restrictives; l'âge d'admission, la durée du travail, les repos périodiques, l'interdiction du travail de nuit, la salubrité et la sécurité de l'atelier sont simultanément ou successivement réglés par les lois. Presque partout aussi la déclaration des accidents est prescrite, l'assurance rendue obligatoire, le travail interdit aux femmes en couches.

« Les faits, dit M. Van Overbergh, ont été plus forts que les dogmes. Tous les peuples civilisés ont aujourd'hui repoussé pratiquement » les théories extrêmes de cette école libérale, qui les conduisait à la dégradation et à la ruine. La justice négative a fait place à la justice positive. La loi pour les enfants a été le coin enfoncé dans le régime du laisser-faire absolu qui a fini par céder sous l'effort impérieux des abus sociaux. »

Aujourd'hui toutes les nations industrielles possèdent des lois sur le travail; nous en donnons ici l'énumération :

Allemagne. — Loi du 1er juillet 1883. Un projet a été présenté au Reichstag en 1890.

Angleterre. — Loi du 27 mai 1878.

Australie. — Loi du 18 décembre 1885.

Autriche. — Loi du 15 mars 1883 et loi du 8 mars 1885.

Belgique. — Loi du 13 décembre 1889.

Canada. — Loi du 9 mai 1885.

Danemark. — Loi du 23 mai 1873 et loi du 12 avril 1889.

Espagne. — Loi du 24 juillet 1873.

Etats-Unis. — Lois spéciales pour chaque État ; analogues aux lois anglaises.

Italie. — Loi du 11 février 1886.

Hongrie. — Loi du 21 mai 1884 et loi d'avril 1894.

Norwège. — Loi du 27 juin 1892.

Pays-Bas. — Loi du 5 mai 1889.

Russie. — Décrets impériaux des 1er juin 1882 et 1er octobre 1885. — Dispositions spéciales dans le code des constructions.

Suède. — Lois du 18 novembre 1881, du 1er juin 1883 et du 10 mars 1889.

Suisse. — Loi fédérale du 23 mars 1877.

LA MARCHE DE LA LÉGISLATION EN FRANCE.

Avant 1841, il n'y avait en France aucune réglementation du travail des enfants, sauf en ce qui concerne les mines, dans lesquelles l'âge d'admission était fixé à 10 ans par l'article 19 du décret du 3 janvier 1813.

L'introduction dans notre pays du système de la protection ne souleva pas moins d'opposition, moins de récriminations, moins de colères qu'elle n'en avait provoquées en Angleterre.

« Le projet du gouvernement d'alors, dit M. Napias, fut discuté avec passion ; les Conseils généraux consultés avaient émis un avis favorable, mais on invoquait contre cet avis les grands principes de liberté. — L'État, disaient les opposants, sortait de son rôle ; il intervenait dans les contrats privés ; les fabricants étaient les maîtres ; puis on invoquait l'intérêt de la classe ouvrière !... le droit des parents. — La liberté des pères de famille faisait là son apparition officielle.

« Vainement les partisans du projet invoquaient l'exemple des nations étrangères ; les adversaires disaient que la Prusse et l'Autriche étaient des pays absolus, peu respectueux de la liberté des citoyens, et comme c'était là un argument d'une application difficile à l'Angleterre, on ne manquait pas d'accuser les industriels anglais d'abuser des forces et de la santé des enfants, tandis que nous... Il est vrai que chez nous il existait des endroits où les enfants de 7 ans travaillaient 15, 16, 17 heures par jour (usines d'Elbeuf), ou même 18 heures (fabriques de châles de Lyon), et on en était à ce point d'aberration qu'on citait comme un atelier modèle celui de M. Cunin-Gridaine où les enfants ne travaillaient que 14 heures par jour. Aussi M. Cunin-Gridaine était-il, comme on sait, un ministre philanthrope. En définitive, le projet du gouvernement, revu, corrigé, amendé, fut voté et devint la loi du 23 mars 1841. »

La loi ne s'appliquait qu'aux usines et manufactures, les ateliers y échappaient. Cette lacune parut devoir être comblée en partie par la loi du 22 février 1851 sur les contrats d'apprentissage ; mais peu de patrons s'astreignirent à faire un contrat.

La loi du 9 septembre 1848 qui vint ensuite, tranchant d'un seul coup la question de la limitation du travail des adultes, semble être arrivée avant son heure. Elle est restée longtemps lettre morte et commence à peine à être exécutée.

La loi du 19 mai 1874 sur le travail des enfants et des filles mineures donna enfin à l'hygiène et à la protection de l'enfance des satisfactions plus substantielles.

Aujourd'hui, elle est remplacée par la loi du 2 novembre 1892 qui, malgré les imperfections qu'on ne peut se dissimuler, réalise sur elle de grands progrès.

La salubrité et la sécurité de l'atelier sont en outre assurées par la loi du 12 juin 1893.

Nous allons examiner ces différentes lois :

EXAMEN DES LOIS PROTECTRICES.
Loi du 23 mars 1841.

Cette loi s'appliquait uniquement aux enfants employés : 1° dans les manufactures, usines et ateliers à moteur mécanique ou à feu continu, et dans leurs dépendances; 2° dans toute fabrique occupant plus de 20 ouvriers réunis en atelier.

Elle fixait à 8 ans l'âge d'admission au travail, limitait à 8 heures sur 24, divisée par un repos, la durée du travail des enfants entre 8 et 12 ans; à 12 heures cette même durée entre 12 et 16 ans. Le travail de nuit (9 heures du soir à 5 heures du matin) était interdit pour les enfants âgés de moins de 13 ans; il n'était autorisé pour les enfants de 13 à 16 ans que dans les usines à feu continu ou en cas de chômage d'un moteur mécanique ou de réparations urgentes. La durée de ce travail de nuit était alors établie sur la base de la durée du travail de jour « en comptant deux heures pour trois. » Le repos du dimanche et des jours de fête était prescrit jusqu'à 16 ans. Jusqu'à 12 ans, l'enfant devait suivre une école; de 12 à 16 ans, il en était de même, à moins que l'enfant n'ait obtenu du maire un certificat d'instruction primaire élémentaire. Les enfants devaient être munis d'un livret délivré par les maires et portant, entre autres indications, celle de leur âge. L'affichage de la loi était prescrit.

La loi laissait à des règlements d'administration publique le soin de compléter ces dispositions, par exemple, en ce qui concernait les travaux dangereux à interdire aux enfants, et de préciser les conditions d'application, notamment pour les cas où le travail de nuit serait toléré.

Ces règlements ne furent jamais promulgués.

La sanction était une amende de simple police appliquée autant de fois qu'il y aurait d'enfants indûment admis ou employés, avec un maximum de 200 fr. En cas de récidive, les amendes étaient de 16 à 100 fr. avec maximum de 500 fr.

Le gouvernement était chargé d'établir « des inspections » pour assurer l'exécution de la loi.

Loi du 22 février, 4 mars 1851, relative aux contrats d'apprentissage.

Cette loi ne s'appliquait pas à tous les enfants employés dans l'industrie, mais seulement aux apprentis.

La durée du travail effectif était limitée à 10 heures par jour pour les enfants au-dessous de 14 ans, à 12 heures entre 14 et 16 ans. Le travail de nuit (9 heures du soir à 5 heures du matin) ne pouvait être imposé aux apprentis âgés de moins de 16 ans; le travail du dimanche et des jours fériés n'était pas non plus imposable aux apprentis, sauf pour rangement d'atelier, quand les conventions le portaient. Le maître devait laisser prendre, sur la journée du travail, à l'apprenti âgé de moins de 16 ans, le temps nécessaire pour son instruction.

Les pénalités étaient une amende de 5 à 15 fr., à laquelle, en cas de récidive, pourrait s'ajouter un emprisonnement de un à cinq jours.

Décret (loi du 9 septembre 1848) relatif aux heures de travail dans les usines et manufactures.

La durée du travail effectif dans les manufactures et usines est fixée à 12 heures.

La sanction est une amende de 5 à 100 fr. par ouvrier indûment employé, avec un maximum de 1,000 fr.

Les décrets du 17 mai 1857, du 31 janvier 1866 et du 3 avril 1889 ont apporté à la loi de 1848 les atténuations et les tolérances indispensables. Cette loi n'a reçu un commencement d'exécution que lorsque les inspecteurs du travail ont été chargés de surveiller son application par la loi du 16 février 1883.

Loi du 19 mai 1874 sur le travail des enfants et des filles mineures.

Nous entrons ici en pleine période de protection de l'enfance industrielle. La loi s'applique aux manufactures, fabriques, usines, chantiers et ateliers.

L'âge d'admission est fixé à 12 ans; mais la loi permet à un règlement d'administration publique d'abaisser cet âge à 10 ans pour certaines industries. Le règlement en désigne 14 qui sont précisément les industries textiles, les papeteries, les verreries, etc., celles, en un mot, où l'on abuse le plus de l'enfance. Toutefois, entre 10 et 12 ans, la durée de la journée de travail est réduite à 6 heures. Il en est de même jusqu'à 15 ans, si l'enfant ne peut produire un certificat d'études primaires délivré par l'instituteur, visé par le maire. Sauf ces deux exceptions, la durée légale de la journée de travail reste celle fixée par les lois précédentes : 12 heures divisées par des repos.

Jusqu'à 16 ans pour les garçons et 21 ans pour les filles, sauf certaines restrictions, le travail de nuit, le travail du dimanche et des jours fériés sont interdits.

Les garçons âgés de moins de 12 ans, les filles et les femmes, ne peuvent être employés aux travaux souterrains des mines.

Jusqu'à 12 ans, l'enfant devra fréquenter une école.

Les dispositions de surveillance, les livrets, les registres, l'affichage de la loi sont institués.

Certains travaux dangereux sont interdits aux enfants de moins de 16 ans, en même temps que sont prescrites des mesures de salubrité et de sécurité. Enfin l'application de la loi est confiée à un corps d'inspecteurs et à des commissions locales. Une commission supérieure est instituée auprès du ministre du commerce pour veiller sur cette application.

La sanction est une amende de 16 à 50 fr. par contravention, avec maximum de 500 fr. En cas de récidive, l'amende est portée de 50 à 200 fr., avec maximum de 1,000 fr.; le jugement peut être affiché.

L'obstacle mis par les patrons à l'accomplissement des devoirs des inspecteurs ou des commissions est puni d'une amende de 16 à 100 fr.

L'article 463 du Code pénal est applicable aux condamnations prononcées en vertu de cette loi.

Loi du 2 novembre 1892 sur le travail des enfants, des filles mineures et des femmes dans les établissements industriels.

Dès 1879, des propositions de révision de la loi du 19 mai 1874 furent présentées au Parlement et renvoyées à l'étude d'une commission. Elles tendaient à réduire la durée de la journée de travail et à soumettre à la réglementation les femmes de tout âge.

Cette dernière innovation devait rencontrer une opposition formidable : les « grands principes de liberté » revinrent à la charge comme aux plus beaux jours de 1840, bien étonnés sans doute de se trouver attelés à une telle besogne.

Assurément l'excès de travail, le travail de nuit causaient quelque préjudice à la santé des ouvrières, mais la liberté du travail ! l'égalité du contrat !... L'État (qui cependant, déjà en 1874 avait interdit aux femmes le travail souterrain des mines) « n'avait pas le droit » d'intervenir pour violer la liberté de cette femme, partisan du travail de nuit, qui déposait ainsi devant une commission d'enquête :

« Je dors 5 heures par jour. Je rentre de l'usine à 6 heures 1/2 le matin. Je fais le ménage, j'habille les enfants, je prépare le café, etc... Je me mets au lit à 8 heures, je me lève à 10 heures pour préparer le déjeuner. Je déjeune à 11 heures, je vaque à diverses occupations. Je me recouche à une heure jusqu'à 5 heures. J'ai quatre enfants de 11, 12, 13 et 14 ans. Je suis soigneuse et je gagne 3 fr. par jour. »

Quant aux autres, n'étaient-elles pas libres ? Ne pouvaient-elles, à leur gré, quitter l'atelier où on les surmenait ? D'ailleurs on invoquait encore, comme en 1841, la ruine imminente de l'industrie.

C'était la répétition exacte de ce qui s'était passé en Angleterre, lorsque l'Act de 1844 résolut la même question sans s'apitoyer sur le préjudice causé à ces patrons qui préféraient employer des femmes, surtout celles qui ont une famille nombreuse, parce qu'elles « sont forcées de travailler jusqu'à extinction pour se procurer les moyens de subsistance nécessaires. »

M. Richard Waddington déposa un rapport le 11 juin 1880.

La proposition de loi adoptée par la Chambre, adoptée par le Sénat en première lecture, fut finalement rejetée par celui-ci le 24 février 1882. Elle fut reprise, après l'expiration des délais légaux, par M. R. Waddington, qui déposa son rapport le 10 mars 1884, mais la discussion ne put avoir lieu avant la fin de la législature.

Enfin, le 13 novembre 1886, après une enquête approfondie de la commission supérieure du travail, le gouvernement déposa à la Chambre des députés un projet qui fut adopté par elle avec modifications. Porté au Sénat le 8 mars 1889, modifié de nouveau par lui, ce projet, que les Chambres se sont renvoyé deux fois, a fini par aboutir à la loi du 2 novembre 1892 sur le travail des enfants, des filles mineures et des femmes.

Pour mettre en lumière les améliorations réalisées sur la loi de 1874 par celle de 1892, nous passerons successivement en revue chaque article de cette dernière :

ÉTUDE

DE LA LOI DU 2 NOVEMBRE 1892
COMPARAISON AVEC LA LOI DU 19 MAI 1874
PRINCIPALES INNOVATIONS

ARTICLE PREMIER

L'article premier apporte une innovation importante que nous venons de signaler : c'est l'extension de la loi aux femmes de tout âge; mais il en contient deux autres qui, bien que de moindre importance, ne sont pas sans une utilité appréciable : c'est l'extension de la loi d'abord aux dépendances (1) des établissements industriels, puis aux établissements publics, aux établissements d'enseignement professionnel ou de bienfaisance.

La loi laisse de côté les ateliers de famille ; mais elle en donne une définition très restreinte : les membres de la famille doivent seuls y être employés sous la direction soit du père, soit de la mère, soit du tuteur.

Encore ces ateliers sont-ils soumis aux prescriptions qui concernent

(1) Il résulte des discussions au Parlement que le mot *dépendances* s'applique aux locaux où couchent les ouvriers.

la salubrité et la sécurité, lorsqu'il y est fait usage de chaudière à vapeur ou de moteur mécanique, ou lorsqu'ils sont classés au nombre des établissements dangereux ou insalubres.

Article II

Ici, nous constatons une amélioration considérable : l'âge d'admission au travail est fixé à 13 ans. Toutefois, pour faire concorder les nouvelles dispositions avec celles de la loi sur l'instruction obligatoire, les enfants, munis du certificat d'études primaires institué par cette dernière loi, peuvent être employés à partir de l'âge de 12 ans. (Il ne faut pas confondre ce certificat avec celui qu'exigeait la loi précédente pour les enfants de moins de 15 ans et dont la garantie était illusoire.) Ainsi se trouve supprimée cette tolérance regrettable de la loi de 1874 qui, fixant à 12 ans l'âge d'admission au travail, l'abaissait à 10 ans dans 14 industries des plus nuisibles. Ainsi disparaissaient les difficultés causées par l'institution du système du demi-temps et de la fréquentation scolaire qui, sous la législature précédente, avaient été pour l'inspection une source d'embarras sans nombre.

« Ce système, appelé travail du demi-temps et pratiqué dans plusieurs pays voisins, notamment en Angleterre, dit M. R. Waddington, n'a pas eu de succès en France ; difficile d'application, il s'adapte mal aux habitudes industrielles et aux obligations de l'instruction ».

Notons encore l'institution suivante empruntée aux législations anglaise, danoise, suédoise et italienne : l'enfant âgé de moins de 13 ans ne pourra être admis au travail s'il n'est muni d'un certificat d'aptitude physique ; si l'enfant, déjà admis dans l'établissement a moins de 16 ans, l'inspecteur pourra toujours requérir un examen médical « à l'effet de constater si le travail dont il est chargé excède ses forces » et exiger son renvoi s'il y a lieu.

Dans les orphelinats et établissements de bienfaisance, le travail manuel pour les enfants âgés de moins de 13 ans, sauf pour les enfants âgés de 12 ans et munis du certificat d'études primaires, ne pourra dépasser 3 heures par jour ; ces enfants doivent de plus recevoir l'instruction primaire.

Article III

La durée du travail est limitée à 10 heures par jour pour les enfants âgés de moins de 16 ans ; à 60 heures par semaine, sans pouvoir excéder 11 heures par jour, pour les jeunes ouvriers et ouvrières de 16 à 18 ans, à 11 heures par jour pour les filles au-dessus de 18 ans et les femmes. Ces heures de travail doivent être coupées par des repos dont la durée totale ne pourra être inférieure à 1 heure.

Sous la législation précédente, les enfants âgés de moins de 12 ans ne devaient pas travailler plus de 6 heures; mais, au-delà de cet âge, la durée légale de la journée du travail était de 12 heures, comme pour les adultes: rien n'avait été innové depuis les lois de 1841 et 1848.

Les difficultés d'application que cet article — pourtant si logique au point de vue théorique — devait rencontrer, n'ont pas échappé aux plus prévoyants: « Il n'était pas possible, croyons-nous, dit M. Bouquet, de trouver une combinaison en plus complet désaccord avec les nécessités industrielles. Elle se heurtera dans la pratique à des difficultés souvent insurmontables. Si les industriels n'adoptent pas la journée de 10 heures pour tout leur personnel, ils seront souvent en contravention pour les enfants au-dessous de 16 ans qu'ils emploieront dans leurs usines, et même pour les jeunes gens de 16 à 18 ans ».

La Chambre des députés avait d'abord voté un projet fixant à 10 heures la durée du travail journalier pour les enfants et à 11 heures pour les femmes. Le Sénat unifia cette durée et la porta à 11 heures. La Chambre des députés, tout en admettant cette unification, voulut réduire la journée à 10 heures.

De cette divergence est résulté l'article ci-dessus.

Article IV

Le travail de nuit est interdit aux enfants âgés de moins de 18 ans, aux filles mineures et aux femmes.

La loi de 1874 avait interdit le travail de nuit pour les enfants âgés de moins de 16 ans, excepté dans les usines à feu continu; il en était de même pour les filles âgées de moins de 21 ans, mais dans les usines et manufactures seulement, ce qui restreignait singulièrement la portée et l'utilité du texte.

Le principe de l'interdiction du travail de nuit n'a été admis qu'après de longs débats à la Chambre des députés et surtout au Sénat. On a dû d'ailleurs y apporter de nombreuses atténuations: les industries de saison jouissent d'exceptions temporaires; une exception permanente est accordée à quelques industries n'exigeant pas un travail d'une durée supérieure à 7 heures par 24 heures. Les chômages résultant d'une interruption accidentelle ou de force majeure donnent aussi droit à des tolérances temporaires.

La disposition du paragraphe 2, qui a pour objet de favoriser le système des relais, a déjà donné lieu à des abus et est l'objet de vives critiques.

Article V

L'obligation de consacrer au repos un jour par semaine est étendue aux enfants âgés de moins de 18 ans et aux femmes. Mais ce jour de repos n'est plus fixé au dimanche, comme dans la loi de 1874 ; il est quelconque et doit être affiché dans les ateliers.

Les jours de fête reconnus par la loi restent cependant des jours de repos obligatoire.

Article VI

Le travail de nuit est autorisé dans les usines à feu continu pour les femmes majeures et les enfants de sexe masculin, à la condition qu'ils auront au moins un jour de repos par semaine. Le soin de définir et de désigner les usines à feu continu, celui de fixer la nature et la durée des travaux à tolérer sont laissés à un règlement d'administration publique.

L'article 6 de la loi de 1874 donnait les mêmes autorisations, mais pour les enfants âgés de plus de 12 ans, sans distinction de sexe. Pour les conditions d'application, il s'en rapportait à un règlement d'administration publique.

Ce règlement reconnut quatre sortes d'usines à feu continu :
Papeteries, sucreries, verreries, usines métallurgiques.

Il fixa, dans ces usines, le maximum de la durée du travail à 12 heures, avec repos de 2 heures. Il limita le nombre des nuits dans lesquelles les enfants pouvaient être employés à 6 ou 12 par quinzaine, suivant les cas. Quand l'enfant travaillait le dimanche, il devait lui être accordé pendant le jour un repos qui variait entre 6 et 12 heures, selon l'industrie.

Le décret du 15 juillet 1893, rendu pour l'exécution de la loi du 2 novembre 1892 a simplifié tout cela. Il a limité pour les enfants et les femmes la durée du travail à 10 heures, avec 2 heures de repos. La nomenclature des usines à feu continu a été complétée.

Les enfants peuvent être employés la nuit, à certains travaux spécifiés, dans :

Les fabriques d'objets en fer et fonte émaillés ;
Les usines pour l'extraction des huiles ;
Les fabriques et raffineries de sucre ;
Les verreries.

Les femmes et les enfants peuvent être employés la nuit à certains travaux spécifiés, dans :

Les distilleries de betteraves ;
Les papeteries.

Article VII

Tenant compte de quelques nécessités momentanées, la loi permet à l'inspecteur divisionnaire de lever temporairement l'obligation du repos hebdomadaire et les restrictions relatives à la durée du travail, dans certaines industries que le décret du 15 juillet 1893 a désignées.

Cet article n'avait pas son correspondant dans la loi de 1874, et il est dû à l'expérience des difficultés d'application qu'avait soulevées cette dernière.

Article VIII

Une disposition qui semble un peu hors-d'œuvre (puisqu'elle s'applique à des établissements qui ne présentent pas le caractère industriel) mais dont l'esprit est bien conforme à la loi, a été édictée pour donner satisfaction aux réclamations des commissions scolaires, signalant au préfet de police « les inconvénients de l'emploi d'un certain nombre d'enfants qui figuraient le jour et le soir dans les représentations des théâtres, féeries et cirques. » Celui-ci ne pouvait intervenir, car ni la loi du 7 décembre 1874 relative aux enfants employés dans les professions ambulantes, ni la loi du 19 mai 1874 n'étaient applicables.

« La délégation cantonale du XXe arrondissement s'est émue de cette réponse, dit M. R. Waddington dans son rapport, et, dans la séance du 23 juillet 1887 elle a émis le vœu « que la législation du travail des enfants fut réformée et que les théâtres, cirques, bals, etc... fussent à ce point de vue, classés au nombre des établissements industriels. » C'est ce qui a été fait.

Article IX

Les travaux souterrains des mines sont interdits aux filles et aux femmes.

L'article correspondant de la loi de 1874 portait déjà cette interdiction. L'âge d'admission dans les mines pour les enfants du sexe masculin était de 12 ans comme dans la généralité des établissements industriels.

Les décrets rendus respectivement pour l'exécution des deux lois sont analogues, mais celui du 3 mai 1893 comporte des additions importantes, dans le sens restrictif, concernant les enfants de 16 à 18 ans.

Une dérogation aux dispositions relatives au travail de nuit est admise pour certaines mines qu'un règlement d'administration publique est chargé de désigner.

Ce règlement a autorisé la dérogation précitée dans les exploitations des couches minces de houille où des raisons d'ordre technique spécifiées la rendent nécessaire.

Article X

Les dispositions de surveillance, livrets, registres, etc., déjà instituées par l'article 10 de la loi de 1874, sont maintenues ; mais, en raison de la réglementation nouvelle, le livret n'indiquera plus le temps pendant lequel l'enfant a suivi l'école. Par contre, si l'enfant a moins de 13 ans, le livret devra mentionner qu'il est muni du certificat d'études primaires institué par la loi du 28 mars 1882.

Ce livret doit être délivré gratuitement par le maire.

Article XI

Comme sous la législation précédente, l'affichage de la loi et des règlements est prescrit ; mais notons ici deux additions importantes : l'affichage des heures auxquelles commence et finit le travail ainsi que des heures et de la durée des repos.

C'est une facilité considérable, indispensable même apportée à l'inspection.

Des dispositions de surveillance équivalentes sont appliquées aux établissements de bienfaisance.

Articles XII, XIII, XIV, XVI

Les mesures de salubrité et de sécurité sont presque identiques à celles que prescrivait la loi de 1874.

Les règlements qui s'y rapportent sont conçus dans le même esprit ; mais celui qui a été rendu pour l'exécution de la loi de 1892 a apporté au précédent quelques additions ; la principale est l'interdiction de certains travaux dangereux aux enfants de 16 à 18 ans et aux femmes.

Article XV

La déclaration des accidents est pour la première fois inscrite dans la loi. C'est là une mesure appelée à rendre à la sécurité des ateliers les plus grands services. Elle avait l'inconvénient de ne s'appliquer qu'aux ateliers dans lesquels on emploie des enfants, des filles mineures ou des femmes. Fort heureusement, cet inconvénient a aujourd'hui disparu par suite de la promulgation de la loi du 12 juin 1893.

Articles XVII, XVIII, XIX, XX, XXI

Inspection

La loi du 2 novembre 1892 maintient, modifie et complète l'institution des inspecteurs du travail créée en 1874.

Qu'il nous soit permis de rappeler ici en peu de mots les origines de cette institution.

Historique de l'Inspection

La nécessité d'une inspection, comme celle des lois protectrices, s'est fait sentir seulement au début de la période de l'usine.

Sans doute, on peut voir dans les gardes-jurés du moyen âge « les pères de nos contemporains inspecteurs du travail », à cause de quelques attributions similaires ; mais, il ne faut pas oublier que les fonctions principales de ces gardes-jurés étaient de prévenir ou de punir les fraudes, de défendre les monopoles, de se prononcer sur l'habileté professionnelle des apprentis ; en un mot, ils avaient seulement pour but la prospérité de la confrérie. D'ailleurs, l'heure des abus, nés de la concurrence, n'avait pas encore sonné. Il ne faut voir non plus dans les inspecteurs des manufactures créées en France par Colbert, dans les commissaires royaux prussiens, dans les inspecteurs royaux et impériaux autrichiens que des fonctionnaires chargés de la surveillance et de la direction de l'industrie au seul point de vue de l'accroissement de la richesse.

L'Angleterre, qui a résolu la première presque toutes les questions qui touchent à la réglementation du travail, a établi la première une inspection.

La loi de 1802 nomma des visitors, inspecteurs locaux qui furent loin d'aboutir aux résultats espérés ; les raisons en sont multiples ; citons seulement le choix de ces visitors qui était souvent fait par les industriels ou leurs amis, la gratuité de leurs fonctions, le peu d'étendue de leur pouvoir.

Dès 1833, la nécessité de nommer des inspecteurs fut reconnue ; on en nomma d'abord 4 auxquels 15 superintendants furent bientôt adjoints. Ce nouveau corps eut à lutter contre la négligence voulue du gouvernement désireux de ménager les intérêts des industriels contre l'opposition systématique et rageuse des patrons qui s'obstinaient à violer ouvertement la loi ou qui profitaient de l'insuffisance des textes pour l'éluder ; en cela ils étaient puissamment aidés par les tribunaux qui ne craignaient pas d'afficher leur partialité ; enfin, les ouvriers eux-mêmes manifestaient une certaine méfiance, les uns, parce qu'ils craignaient une réduction de salaire, les autres, parce qu'ils trouvaient la loi insuffisante et rêvaient une réglementation plus étroite.

Nous ne pouvons entrer dans le détail de l'organisation du corps inspectoral anglais, ni retracer les longues luttes qu'il a soutenues avec tant d'énergie et d'habileté, et dont il est enfin sorti victorieux.

Les lois successives qui ont été promulguées en Angleterre ont d'ailleurs aplani une à une les nombreuses difficultés pratiques qu'on n'avait pu prévoir au début; elles ont aussi complété et coordonné successivement le nombre, la hiérarchie et les attributions des inspecteurs.

Aujourd'hui, on se trouve en présence des organes suivants :

1° Le ministre de l'intérieur responsable des règlements, etc.... ;

2° Le chef inspector chargé de la direction supérieure de l'inspection, etc..... ;

3° Les superintending inspector qui contrôlent les inspecteurs et facilitent leurs relations avec le pouvoir central ;

4° Les inspectors chargés de l'inspection directe des établissements industriels.

Ces inspectors choisis généralement parmi les juniors ne doivent avoir aucun intérêt dans une usine ou un atelier. On exige pour leur admission des qualités pratiques et représentatives plutôt qu'une instruction technique ;

5° Les junior-inspectors, qui sont des inspecteurs stagiaires. Depuis 1880, quelques-uns de ces juniors sont choisis parmi les ouvriers.

Lorsqu'en France fut discutée la loi de 1841, la divergence des opinions ne permit aux textes ni de constituer un corps spécial d'inspecteurs, ni de confier l'exécution de la loi à des rouages administratifs déjà existants. Il fallut se borner à poser vaguement le principe de l'inspection.

ARTICLE X. — Le gouvernement établira des inspections pour surveiller et assurer l'exécution de la présente loi. Les inspecteurs pourront, dans chaque établissement, se faire représenter les registres, etc....

Quant aux crédits affectés à cet usage, il n'en était pas question.

Le gouvernement institua d'abord des commissions locales de surveillance, dont les fonctions étaient naturellement gratuites. Elles échouèrent pour des raisons analogues à celles qui avaient fait échouer l'institution des visitors en Angleterre.

On s'adressa ensuite aux inspecteurs de l'enseignement primaire ; mais ces fonctionnaires déjà surchargés ne purent faire face à la dualité de leurs occupations ; d'ailleurs, les qualités d'un bon inspecteur de l'enseignement primaire ne concordaient guère avec celles d'un bon inspecteur du travail; la seconde fonction était nécessairement sacrifiée au profit de l'autre. On eut aussi l'étonnante idée de s'adresser aux vérificateurs des poids et mesures!

Enfin, en 1867, on confia l'exécution de la loi aux ingénieurs des mines, mais on s'aperçut presque aussitôt qu'on avait fait fausse route; comme les inspecteurs primaires, et à peu près pour les mêmes raisons, les ingénieurs des mines avaient échoué complètement.

A la fin de cette période de tâtonnements, les Conseils généraux de la Seine et du Nord nommèrent des inspecteurs spéciaux qui furent les premiers à obtenir des résultats appréciables.

Toutes ces expériences, et aussi l'exemple de l'Angleterre, pesèrent lourdement dans la balance des opinions, lors de la discussion de la loi de 1874. En vain des amendements furent présentés, proposant de confier l'exécution de la loi aux officiers de police judiciaire, aux inspecteurs des enfants assistés, aux inspecteurs de l'enseignement primaire, aux ingénieurs des mines; la nécessité d'organiser un corps spécial d'inspecteurs était évidente.

15 inspecteurs divisionnaires furent nommés (ce nombre était fixé par le texte même de l'article XVI; plus tard la loi du 26 février 1883 permit de le porter à 21). Ils durent être choisis parmi les quelques inspecteurs déjà existants, les ingénieurs ou les anciens directeurs d'établissements industriels importants. Ils avaient entrée dans tous les établissements manufacturiers, ateliers et chantiers; ils pouvaient se faire représenter les registres, les livrets, les feuilles de présence aux écoles; les règlements intérieurs; ils dressaient procès-verbal des contraventions constatées.

Dans les mines, ils constataient les contraventions concurremment avec les gardes-mines.

Les officiers de police judiciaire conservaient d'ailleurs le droit de constater et de poursuivre les infractions à la loi, mais ils n'avaient pas celui d'inspection (c'est-à-dire qu'ils ne devaient visiter les établissements industriels qu'en cas d'infraction présumée).

L'institution des commissions locales, malgré le peu de résultats qu'elle avait donnés jusque-là, fut maintenue et réorganisée. Il fut créé une commission au moins par département.

Ces commissions furent chargées :

1º De veiller à l'exécution de la loi ;
2º De contrôler le service de l'inspection;
3º D'adresser au préfet des rapports sur l'état du service.

Elles conservaient le droit de visiter les établissements industriels; mais leurs membres ne pouvaient dresser des procès-verbaux; elles devenaient des organes de contrôle plutôt que d'inspection. Enfin, les Conseils généraux étaient autorisés à nommer des inspecteurs spéciaux rétribués par le département, mais ces inspecteurs devaient agir sous l'autorité de l'inspecteur divisionnaire.

Une Commission supérieure du travail fut instituée. Elle fut chargée :

1º De veiller à l'application uniforme et vigilante de la loi ;

2º De donner son avis sur les règlements à faire, et généralement sur les diverses questions intéressant les travailleurs protégés ;

3º D'arrêter la liste des présentations des candidats pour la nomination des inspecteurs divisionnaires.

Elle devait, en outre, recevoir les rapports des inspecteurs divisionnaires et adresser elle-même chaque année au Président de la République un rapport sur les résultats de l'inspection.

Articles XVII, XVIII, XIX

La loi du 2 novembre 1892 maintient l'institution des inspecteurs du travail, mais elle y fait des modifications profondes.

Les inspecteurs départementaux sont comme les inspecteurs divisionnaires nommés par le Ministre du Commerce et de l'Industrie. L'unité de service est ainsi assurée ; elle a même été renforcée depuis par une circulaire ministérielle priant les préfets de vouloir bien « s'adresser exclusivement aux inspecteurs divisionnaires », lorsqu'ils auront des observations à présenter sur l'application, dans leur département, des lois réglementant le travail.

Il est aussi créé des inspectrices : déjà le Conseil général de la Seine en avait nommé quelques-unes ; mais leur existence légale n'était pas encore reconnue. Le décret du 13 décembre 1893 limite leur rôle à la surveillance des ateliers n'employant qu'un personnel féminin et dans lesquels il n'existe pas de moteur mécanique.

Au serment professionnel des inspecteurs est ajouté le serment « de ne point révéler les secrets de fabrication et en général les procédés d'exploitation dont ils pourraient prendre connaissance, dans l'exercice de leurs fonctions. »

Les inspecteurs divisionnaires sont nommés au choix parmi les inspecteurs départementaux.

Au nouveau corps ainsi composé est confiée, outre l'exécution de la loi du 2 novembre 1892, celle de la loi du 9 septembre 1848 dont l'application relevait déjà de l'inspectorat depuis 1883. Il est aussi chargé, concurremment avec les commissaires de police, de l'exécution de la loi du 7 décembre 1874 relative à la protection des enfants employés dans les professions ambulantes.

En ce qui concerne les mines, minières, carrières, l'exécution de la loi est confiée aux ingénieurs et contrôleurs des mines, afin d'éviter les conflits.

Article XX.

Les droits des inspecteurs et leurs moyens de surveillance restent les mêmes que sous la législation précédente ; il en est de même des droits des officiers de police judiciaire. De plus, ils ont mission d'établir la statistique des conditions du travail industriel dans la région qu'ils sont chargés de surveiller.

Articles XXII, XXIII.

La Commission supérieure du travail établie depuis 1874 est maintenue. Ses attributions restent les mêmes, à cela près qu'elle n'est plus chargée d'arrêter la liste de présentation des candidats au poste d'inspecteur, mais de fixer les conditions d'admissibilité et le programme du concours. Sa composition quantitative n'est pas changée, mais elle comprend deux sénateurs et deux députés, élus par leurs collègues, et cinq membres nommés, pour une période de quatre ans, par le Président de la République.

Articles XXIV, XXV.

Les commissions locales sont abolies. L'expérience leur avait été défavorable. Presque nulle part elles n'avaient fonctionné. Dans les rares départements où existait une commission locale active, celle-ci dépassait ses attributions, sortait de son rôle de contrôle et se trouvait souvent en opposition avec l'inspecteur. Ses membres faisaient quelquefois leurs visites séparément, ce qui devenait une gêne pour l'industriel. De plus, ils étaient souvent les concurrents de celui-ci.

Le législateur a établi d'autres commissions dont le rôle est purement consultatif. Les membres de ces commissions n'ont pas droit de contrôle dans les établissements industriels ; ils n'ont pas droit de contrôle sur l'inspecteur. Ils peuvent seulement l'aider de leurs avis et de leur appui moral. Ils présentent des rapports sur l'exécution de la loi et les améliorations dont elle serait susceptible.

Il est de plus institué des comités de patronage ayant pour objet :

1º La protection des apprentis et des enfants employés dans l'industrie ;

2º Le développement de leur instruction professionnelle.

Articles XXVI, XXVII, XXVIII, XXIX.

Il y a quelques changements dans les pénalités édictées. Nous les énumérons dans le tableau ci-dessous :

Pénalités

		LOI DE 1874	LOI DE 1892
Simple contravention	Compétence.	Tribunal correctionnel	Tribunal de simple police
	Pénalité.	Amende de 16 à 50 fr.; mais l'article 463 du Code pénal étant applicable, le minimum est en réalité de 1 franc.	Amende de 5 à 15 francs. L'article 463 du Code pénal n'est pas applicable.
		Cumul des amendes, avec maximum de 500 francs.	Cumul des amendes sans maximum.
		Les chefs d'industrie sont civilement responsables des condamnations prononcées contre leurs directeurs ou gérants.	Les chefs d'industrie sont civilement responsables des condamnations prononcées contre leurs directeurs ou gérants.
Récidive.	Définition.	Il y a récidive quand, dans les 12 mois qui ont précédé le fait poursuivi, le contrevenant a été frappé d'une condamnation pour *infraction à la loi et aux règlements*.	Il y a récidive quand, dans les 12 mois qui ont précédé le fait poursuivi, le contrevenant a été frappé d'une condamnation, pour une *contravention identique*.
	Compétence.	Tribunal correctionnel	Tribunal correctionnel
	Pénalité.	Amende de 50 à 200 fr., par contravention avec maximum de 1,000 francs.	Amende de 16 à 100 fr., par contravention *sans maximum*.
		Application possible de l'article 463 du Code pénal.	Application possible de l'article 463 du Code pénal, *avec minimum de 5 francs* par chaque contravention.
		L'affichage du jugement, l'insertion du jugement dans les journaux, peuvent être ordonnés.	L'affichage du jugement, l'insertion dans les journaux, peuvent être ordonnés.
Obstacle à l'accomplissement des devoirs d'un inspecteur.		La peine vise seulement *les patrons qui auront* mis obstacle.	La peine vise *quiconque* aura mis obstacle.
		Amende de 16 à 100 fr.	Amende de 100 à 500 fr.; et pour la récidive, amende de 500 à 1,000 francs.
		L'article 463 du Code pénal est applicable.	L'article 463 du Code pénal est applicable.

Article XXXIII.

La loi est applicable aux enfants placés en apprentissage conformément à la loi du 22 février 1851.

Ces enfants n'étaient auparavant soumis qu'à une partie des dispositions de la loi de 1874. Cela donnait lieu à des difficultés regrettables qui se trouvent aujourd'hui supprimées.

Progrès accomplis. — *Difficultés d'application.* — *Motifs de révision de la loi de 1892.* — *Loi future.* — *Desiderata et réformes.*

Il ne nous appartient pas de faire l'éloge ou la critique des lois ; mais il nous est permis de mesurer, et le chemin qu'elles ont accompli, et le chemin qu'il leur reste à parcourir sur la route des progrès possibles, d'énumérer leurs points délicats et difficiles d'application, de constater les obstacles qu'a rencontrés leur exécution.

En 1874 avait commencé, par la création de l'inspectorat, l'application effective des lois protectrices. Le nombre des inspecteurs était malheureusement limité ; la plupart des départements restèrent sans inspecteurs départementaux ; nous avons dit quels résultats négatifs avaient donnés les commissions locales. La surveillance était donc incomplète : un grand nombre d'établissements, de petits ateliers surtout, n'ont encore jamais reçu la visite d'un inspecteur.

Peu rigoureuse dans ses dispositions, appliquée avec une modération extrême, la loi de 1874 ne paraît pas avoir rencontré de résistances insurmontables. — (Toutefois, ainsi que nous l'avons fait remarquer, l'observation du demi-temps, la fréquentation scolaire, la discordance avec la loi sur l'instruction obligatoire ont été une source d'embarras pour l'inspection.) —

Il faut bien avouer cependant que si les difficultés ont été peu nombreuses, cela tient à l'insuffisance des textes qui n'ont accordé à l'hygiène de l'enfance que des satisfactions bien incomplètes : la protection ne s'étendant qu'aux enfants âgés de moins de 16 ans ; l'âge d'admission fixé à 12 et même à 10 ans, la durée du travail à 12 heures ; la restriction de l'interdiction du travail de nuit pour les filles mineures aux usines et manufactures seulement ; la possibilité d'abaisser la peine à une amende dérisoire, étaient autant de causes qui appelaient un nouvel effort, une législation plus étroite et plus forte.

La loi du 2 novembre 1892 est née de cette situation.

Elle entre dans le vif de la question. Elle s'applique aux enfants jusqu'à 18 ans et aux femmes ; elle étend à tous les travailleurs protégés l'interdiction du travail de nuit et l'obligation du repos hebdomadaire ; elle limite à 10 ou 11 heures (durée dépassée bien plus souvent que celle de 12 heures) la durée du travail ; elle réorganise le service de l'inspection, etc..... changements profonds, innovations sérieuses qui marquent le point de départ d'une ère de protection énergique.

Les nombreuses exceptions qui s'y sont glissées, notamment en ce qui concerne le travail de nuit pour les femmes, gardent l'empreinte des multiples questions secondaires qui ont été soulevées ; — (encore les règlements auxquels ces exceptions ont donné naissance sont-ils l'objet de vives récriminations : ils fixent, par exemple, les tolérances à des époques qui ne correspondent point aux besoins de l'industrie dans toute la France, ils passent sous silence un certain nombre d'industries de saison, etc..... L'expérience permettra d'apprécier la valeur de ces plaintes. Il n'y aura d'ailleurs à faire là que des modifications de détail). —

Mais on a pu reprocher à cette loi une grande imperfection, c'est le défaut d'unification des heures de travail, dont M. Bouquet, en 1892 signalait déjà les inconvénients.

Inspirée par le désir logique d'établir des limites différentes suivant les forces différentes de chaque travailleur, cette disposition, qui d'ailleurs n'a dû le jour qu'au désaccord des deux Chambres, est d'une observation très difficile et a risqué de compromettre la loi elle-même. De l'avis de tous, elle semble déjà nécessiter une législation nouvelle.

Résultat d'une lutte passionnée qui a duré 13 ans, acceptée comme pis-aller de la part des uns, comme concession de la part des autres, la loi du 2 novembre 1892 ne doit être considérée que comme une loi de transition.

Déjà, de nouveaux projets ont été présentés au Parlement, déjà le Sénat a adopté en première lecture une proposition de M. Maxime Lecomte, fixant à 11 heures la durée de la journée de travail pour les enfants et les femmes dans les établissements industriels et pour tous les ouvriers dans les usines et manufactures.

Ainsi se trouve enfin soulevée la question de la limitation du travail des adultes si longtemps réservée. Le législateur paraît disposé à écarter définitivement les objections de principe. Il admettra sans doute que ce n'est pas apporter une entrave à la liberté du travail, ni modifier les conditions d'égalité du « contrat » que de sauvegarder, de gré ou de force, la santé et l'hygiène de l'ouvrier, en fixant la durée et les conditions de son travail. Il semble s'être prononcé dans ce sens en édictant les autres mesures de sécurité et de salubrité par la loi du 12 juin 1893 ; d'ailleurs n'a-t-il pas déjà « violé » cette « liberté » qu'avait l'ouvrier père de famille d'envoyer à l'usine travailler quinze heures son enfant de sept ans ?

Les prédictions pessimistes, les arguments tirés des intérêts de l'industrie, ne porteront plus ; l'expérience en a fait justice. Ils ne sauraient du reste prévaloir contre l'intérêt général, contre la nécessité de conserver une nation forte et bien portante.

« Il est certain, en effet, dit M. Maxime Lecomte, que des industriels peuvent encore arriver facilement à faire travailler les hommes 12 heures et trouvent des avantages à l'augmentation de production qu'ils obtiennent ainsi. Ces avantages ne peuvent être mis en balance avec le bienfait considérable pour l'industrie en général, pour la famille ouvrière, pour le relèvement même de la race, que réaliserait une législation plus humaine, universellement pratiquée, respectée par la bonne entente des uns et des autres, sans diminution sensible de la production et sans réduction des salaires ».

Loi du 12 juin 1893.

Les lois que nous venons d'étudier ont prescrit des précautions relatives à la sécurité et à la salubrité, mais elles ne s'appliquent pas à tous les ouvriers : ce ne sont pas des lois générales permettant d'intervenir au nom de l'hygiène dans tous les établissements industriels. Elles ont d'ailleurs cet inconvénient qu'elles laissent au patron la possibilité de les éluder en se débarrassant des enfants et des femmes.

Les questions de sécurité et de salubrité paraissent n'avoir que très tard été mises à l'ordre du jour. Nous en exceptons celles qui concernent la salubrité extérieure : éloigner les établissements insalubres des habitations, garantir les propriétaires du voisinage contre les désagréments et les dommages que pouvaient leur causer certaines industries a tout de suite paru légitime à un assez grand nombre de gens pour qu'on pût facilement faire accepter une réglementation à ce sujet. Il est même intéressant de constater que chez quelques nations, en France et en Belgique notamment, ç'a été la première et longtemps la seule préoccupation du législateur. On éloignait la fabrique ou l'usine ; mais on se gardait bien de pénétrer à l'intérieur. Tant pis pour l'ouvrier qui s'aventurait à y travailler ; n'était-il pas libre de ne pas y entrer ?

C'était bien, en effet, de son plein gré qu'il entrait dans cette légendaire fabrique de céruse « où la vie moyenne était de deux ans ! »

Le décret du 15 octobre 1810, le premier qui réglementa d'une façon générale l'industrie française, n'avait d'autre but que de « protéger les intérêts des habitants qui demeurent aux environs d'une usine » ; et malgré quelques essais d'interprétation dans le sens de la salubrité intérieure, le Comité des Arts et Manufactures consulté décida un jour « qu'on ne saurait étendre les effets de ce décret, par voie d'interprétation, jusqu'à assurer la protection de la santé des ouvriers. »

On peut dire qu'en France la salubrité et la sécurité des établissements industriels en sont restées là jusqu'en 1893 !

La plupart des nations ont montré une indifférence moins profonde et de moins longue durée, comme on peut le voir par l'exposé suivant des différentes législations.

Angleterre. — La législation déjà ancienne s'est condensée dans le Factory and Workshops act du 27 mai 1878 dont les articles 3 à 8 traitent des mesures de propreté et de salubrité, des mesures de prévention contre les accidents qui doivent être prises et de celles qui peuvent être ordonnées par l'inspecteur.

Les inspecteurs ont pour adjoints les médecins des fabriques.

Allemagne. — La loi du 1er juillet 1883 contient un article qui s'applique à tous les ouvriers et qui prescrit de prendre les mesures « indispensables à la santé et à la sécurité des ouvriers » sans d'ailleurs préciser davantage.

Un projet présenté au Reichstag entre dans une énumération assez complète des mesures exigées.

Les inspecteurs sont chargés de l'application de la loi sous réserve du secret professionnel. En outre, la loi du 6 juillet 1884, relative à l'assurance contre les accidents, a donné un droit de surveillance aux associations de professions. Elles exercent ce droit concurremment avec les inspecteurs.

Ajoutons que la loi du 17 juillet 1878 subordonne la création d'un établissement dangereux à une autorisation préalable ; mais c'est plutôt dans un but de salubrité extérieure.

Australie. — La loi du 18 décembre 1885 très complète, analogue à la loi anglaise. Inspection copiée sur l'inspection anglaise.

Autriche. — La loi du 8 mars 1885 prescrit des mesures générales de sécurité et de salubrité d'une façon plus précise que la loi allemande de 1883 ; mais sans entrer dans les détails de la loi anglaise. — Les établissements dangereux ne peuvent être installés sans autorisation préalable. — Les plans autorisés sont communiqués à l'inspecteur qui en vérifie l'exécution.

Belgique. — Plus retardataire que la France, la Belgique commence à peine à entrer dans la voie de la protection. Sa législation ne vise que le travail des enfants et date d'hier ; et M. Tolain a pu dire avec raison : « Je reconnais que la Belgique n'a pas encore réglementé le travail. Les femmes belges, il n'y a pas encore longtemps, descendaient dans les mines, elles travaillaient au fond, attelées au moyen d'une courroie à des wagonnets qu'elles traînaient à quatre pattes sur une échelle. La Belgique a encore de ces habitudes-là, je le reconnais, je n'y peux rien; mais je ne crois pas que ce soit là un exemple à citer pour notre pays, pour la France. »

L'arrêté du 29 janvier 1863 qui traite de l'hygiène reproduit presque exactement notre décret du 15 octobre 1810. Il est juste d'ajouter cependant qu'il contient une disposition bien vague, mais qui peut permettre d'intervenir en faveur de la salubrité intérieure.

ARTICLE VI : « Les autorisations sont subordonnées aux réserves et conditions qui sont jugées nécessaires dans l'intérêt de la sûreté, de la salubrité, de la commodité publique, ainsi que dans l'intérêt des ouvriers attachés à l'établissement ».

Canada. — Le « Factories act of Québec » du 9 mai 1885 s'appliquant à un certain nombre d'établissements énumérés dans la loi, entre dans le détail des mesures à prendre. — Il institue un corps d'inspecteurs.

Danemark. — La loi du 12 avril 1889 ne prévoit que les mesures de sécurité; mais elle les prescrit d'une façon très précise. Elle exige que le fabricant livre la machine pourvue des appareils de préservation.

L'inspection des fabriques et des machines à vapeur ou à gaz est confiée aux inspecteurs nommés par le roi. — Les autres établissements sont soumis à la surveillance de contrôleurs élus par les municipalités.

États-Unis. — Il n'y a pas de loi fédérale sur la matière. Mais la plupart des États ont édicté des prescriptions très complètes analogues à celles de la loi canadienne. Il est vrai que, par suite de la forme de la constitution, ces dispositions peuvent se trouver éludées par le pouvoir judiciaire.

Espagne. — Les établissements industriels insalubres ne doivent être construits qu'après autorisation et approbation des précautions indispensables d'hygiène et de sécurité pour les ouvriers.

C'est une disposition incidente édictée par la loi sur le travail des enfants.

Hongrie. — La loi du 21 mai 1884 est analogue à la loi autrichienne, mais elle n'a pas la même précision. Une circulaire ministérielle est venue la compléter. Une fabrique ne peut être établie sans l'autorisation des autorités industrielles qui doivent veiller aux mesures d'hygiène. Ces autorités qui sont le chef de police et les magistrats municipaux des villes, chargent les commissaires de visiter les fabriques.

Le Parlement hongrois vient de voter en avril 1894 une « loi nouvelle sur la sécurité et l'inspection des établissements industriels. » Cette loi entre dans le détail des mesures de sécurité à exiger et charge le Ministre du Commerce de nommer des inspecteurs. Ces inspecteurs devront garder le secret professionnel.

Hollande, Italie, Roumanie, Portugal. — Ces quatre pays en sont à peu près au même point que la Belgique !

Norwège. — Une loi récente promulguée le 27 juin 1892 met la législation industrielle de la Norwège, tant sous le rapport du travail des enfants que sous celui de l'hygiène générale, au niveau des législations les plus avancées.

L'exploitant d'une industrie doit faire une déclaration à l'inspecteur, lorsqu'il fonde ou modifie son établissement. Il lui soumettra ses plans. La loi entre dans le détail des mesures de prévention et de salubrité.

Le système d'inspection créé est à peu près identique à celui qui existait en France sous l'empire de la loi de 1874.

Russie. — D'après une note communiquée en 1878 à M. le Dr Napias par M. le comte de Suzor, architecte de la ville de Saint-Pétersbourg, il n'y a point en Russie de règlements spéciaux sur la matière, mais le code des constructions permet aux autorités locales d'exiger des mesures d'hygiène ; une fabrique ne peut être installée qu'après autorisation ; une commission en examine les plans et y fait subir tous les changements nécessaires aux points de vue de l'hygiène extérieure et intérieure, de la stabilité, etc... ; après l'achèvement des travaux, une commission vérifie si la construction est conforme au projet approuvé.

L'administration se trouve donc sérieusement armée ; cependant, si l'on en croit une communication de Mme le Dr Tkatchef au Congrès d'hygiène de 1889, l'état sanitaire des établissements industriels russes, et surtout celui des habitations des ouvriers, seraient encore très défectueux.

Serbie. — La loi sanitaire du 30 mars 1881 permet au conseil sanitaire de prescrire « les règlements sanitaires obligatoires en vertu desquels les industries pourront être autorisées et la santé des ouvriers préservée des conséquences du métier même. »

Suède. — La loi du 10 mars 1889 est très complète. Elle vise la sécurité et la salubrité, permet au gouvernement provincial de fermer les établissements qui ne présentent pas les garanties nécessaires. Elle institue un corps d'inspecteurs.

Suisse. — La loi fédérale du 23 mars 1877 édicte les mesures d'hygiène et de sécurité à prendre. La déclaration des accidents est obligatoire. Outre l'inspection permanente, le Conseil fédéral peut ordonner des inspections spéciales.

L'honneur d'avoir présenté pour la première fois en France une proposition concernant l'hygiène et la sécurité du travail revient à M. Félix Faure (11 novembre 1882).

Cette proposition fut reprise avec des modifications et des développements successifs par MM. Maurice Rouvier (29 décembre 1885), Edouard Lockroy, alors ministre du Commerce et de l'Industrie (13 janvier 1887).

Enfin, un nouveau projet fut déposé le 5 juin 1890 par M. Jules Roche, ministre du Commerce et de l'Industrie. C'est ce projet qui a fini par aboutir à la loi actuelle.

La loi a pour but les mesures préventives. Il ne s'agit point ici d'assurer aux victimes des accidents une réparation, comme permet déjà de le faire l'article 1382 du Code civil auquel une loi actuellement à l'étude apportera bientôt les compléments depuis longtemps réclamés.

« Sans doute, dit M. Ricard, les accidents du travail doivent être équitablement réparés. Une législation qui n'assurerait pas à la victime l'indemnité à laquelle elle a droit serait évidemment incomplète.

. . . .

Mais si l'application des mesures réparatrices s'impose comme une œuvre de justice, l'organisation des mesures préventives aura des effets plus utiles encore. Amener la diminution du nombre des accidents est un souci plus haut que celui qui consisterait uniquement à indemniser les victimes ; car alors il ne s'agit pas seulement de réparer des dommages et de soulager les infortunes, il s'agit d'économiser la vie et de protéger la santé des travailleurs ».

RÉSUMÉ DE LA LOI

Article Premier

Tous les établissements industriels sont soumis à la loi, ainsi que leurs dépendances. Comme dans la loi du 2 novembre 1892, on en excepte les établissements « où ne sont employés que les membres de la famille sous l'autorité soit du père, soit de la mère, soit du tuteur. » Encore ces derniers sont-ils soumis aux mesures de salubrité et de sécurité, dans le cas où le travail s'y fait à l'aide de chaudière à vapeur ou de moteur mécanique, ou si l'industrie est classée au nombre des établissements dangereux ou insalubres.

Articles II, III

La loi prescrit des mesures de propreté, de salubrité, de sécurité. Elle en énumère quelques-unes, mais laisse à des règlements d'administration publique le soin de préciser.

Les mesures de sécurité seules sont applicables « aux théâtres, cirques, magasins et autres établissements similaires où il est fait emploi d'appareils mécaniques ».

Articles IV, V, VI, X

L'exécution de la loi est confiée aux inspecteurs du travail. Cette nouvelle charge concorde bien avec leurs autres fonctions ; ils n'auront qu'à étendre leur surveillance aux établissements nouvellement visés, et à faire des rapports spéciaux sur l'application de la loi présente.

Mais la façon de procéder en cas de contravention est spécifiée d'une façon plus précise et fournit plus de garanties: Avant de dresser procès-verbal l'inspecteur met le chef d'industrie en demeure « par écrit sur le registre de l'usine » de se conformer aux prescriptions des règlements. Celui-ci peut adresser une réclamation au Ministre du Commerce et de l'Industrie. Le Ministre peut, après avis conforme du Comité des arts et manufactures, accorder un délai qui ne dépassera jamais 18 mois. Il notifie sa décision à l'industriel et à l'inspecteur.

Articles VII, VIII, IX

Les pénalités sont : une amende de 5 à 15 francs par chaque contravention avec maximum de 200 francs, et, en cas de récidive, une amende de 50 à 500 francs avec maximum de 2,000 francs.

Mais elles se trouvent singulièrement aggravées par l'article 8 ainsi conçu :

Article VIII. — Si, après une condamnation, prononcée en vertu de l'article précédent, les mesures de sécurité ou de salubrité imposées par la présente loi ou par les règlements d'administration publique n'ont pas été exécutées dans le délai fixé par le jugement qui a prononcé la condamnation, l'affaire est, sur un nouveau procès-verbal, portée devant le tribunal correctionnel qui peut, après une nouvelle mise en demeure restée sans résultat, ordonner la fermeture de l'établissement.

Le jugement sera susceptible d'appel ; la Cour statuera d'urgence.

L'importance de cette disposition sévère et très justifiée n'échappe à personne. Les premiers projets attribuaient au Préfet ce droit de fermeture qu'il avait déjà sur les mines et que le décret de 1810 lui conférait aussi, à un point de vue différent, sur les établissements insalubres.

On pensa cependant avec raison qu'il fallait donner à l'exécution de la loi des garanties absolues d'impartialité. La fermeture fut donc subordonnée à une condamnation préalable non suivie des modifications ordonnées dans le délai accordé ; de plus, l'industriel aurait pu se pourvoir devant le Conseil d'État. Finalement, la garantie de l'autorité judiciaire a été considérée comme la plus indiscutable.

Article XI

La déclaration des accidents est exigée dans les conditions et dans la forme déjà déterminées par la loi du 2 novembre 1892 pour le cas particulier qu'elle visait.

Article XII

L'obstacle à l'accomplissement des devoirs d'un inspecteur reste puni des mêmes peines qu'il l'était par la loi du 2 novembre. Mais l'article 12 ajoute explicitement que les dispositions du Code pénal qui prévoient et répriment les actes de résistance, les outrages et les violences contre les officiers de la police judiciaire sont applicables.

Décret du 10 mars 1894.

Le décret du 10 mars 1894 rendu pour l'exécution de la loi du 12 juin 1893 se divise en deux parties, dont la première concerne la salubrité et la seconde la sécurité.

Article premier.

L'article 1er prescrit les mesures de propreté et en particulier le nettoyage journalier du sol, qui ne devra jamais être fait pendant le travail.

Article II

L'article 2 précise et renforce ces prescriptions pour les locaux où l'on travaille des matières organiques altérables.

Article III

L'atmosphère de l'atelier doit être à l'abri de toute cause d'infection.

Les ouvriers appelés à travailler dans les locaux ou appareils pouvant contenir des gaz délétères ne pourront le faire qu'après une ventilation préalable, et ils devront être munis d'une ceinture de sûreté.

Article IV
Dispositions relatives aux cabinets d'aisances et aux puits absorbants.

Aucun puits absorbant ne pourra être établi sans autorisation de l'administration supérieure.

Les dispositions relatives aux cabinets d'aisances semblent devoir exiger d'un seul coup un progrès considérable sur ce qui existe à l'heure actuelle. A tous les systèmes plus ou moins malpropres et insalubres, elles substituent celui des cuvettes à inflexion siphoïde qui est aujourd'hui le dernier mot de l'hygiène. Ce serait une mesure de salubrité vraiment efficace, s'il n'était à craindre que la propreté du personnel ouvrier ne l'éludât.

On n'a pas cru devoir s'arrêter aux changements qui devront être apportés, du fait de ces prescriptions, aux établissements déjà existants. L'installation des cabinets d'aisances peut, dans certains cas, amener des modifications qui portent sur le gros œuvre d'une usine ou d'un atelier. L'agrandissement des fosses d'aisances, nécessité par le nouveau système, dans les localités où le tout-à-l'égout n'existe pas, peut occasionner une grande dépense... et encore, la fosse d'aisances ne s'accorde guère avec le système du siphon. N'est-ce pas exiger le tout-à-l'égout ?

Articles V, VI

Les articles 5 et 6 contiennent les dispositions relatives à la ventilation et à la préservation des gaz et poussières dans une forme qui répond aux desiderata des hygiénistes (6 mètres cubes d'air par ouvrier ; hottes ; ventilation aspirante pour les meules ; ventilation *per descensum* pour gaz lourds ; pulvérisation des matières toxiques en appareils clos...)

Articles VIII, IX

Les ateliers devront être évacués pour les repas et ventilés pendant ce temps. « Les patrons mettront à la disposition de leur personnel les moyens d'assurer la propreté individuelle, vestiaire avec lavabos, ainsi que l'eau de bonne qualité pour la boisson. »

L'obligation où peuvent se trouver certains chefs d'industrie de construire des locaux spéciaux pour les repas constitue encore une grosse difficulté pratique.

Les mesures de sécurité prescrites comprennent :

Articles X, XI

1º La disposition du local où se fait le travail, l'isolement des moteurs, l'installation des barrières, rampes ou garde-corps, les précautions particulières aux monte-charges.

— De plus « les passages entre les machines, mécanismes, outils mus par ces moteurs, auront une largeur d'au moins 80 centimètres; le sol des intervalles sera nivelé. » C'est, on le voit, le remaniement complet de l'établissement qui peut être exigé dans certains cas.

Articles XII, XVII

2º Les garanties contre les pièces dangereuses des machines, le maniement des courroies. (Les machines et conducteurs électriques sont l'objet d'un article spécial.)

Articles XIII, XIV, XV, XVIII

3º Les précautions à prendre dans le fonctionnement de l'usine concernant la mise en train et l'arrêt des machines, leur nettoyage, les vêtements des ouvriers qui ont à se tenir près des machines.

Article XVI

4º Les facilités d'évacuation en cas d'incendie.

Les portes doivent s'ouvrir de dedans en dehors; les passages et les escaliers doivent être suffisamment larges.

« Dans les ateliers occupant plusieurs étages, la construction d'un escalier incombustible pourra, si la sécurité l'exige, être prescrite par une décision du Ministre du Commerce, après avis du Comité des Arts et Manufactures.

Toutes ces exigences peuvent paraître excessives au premier abord, parce qu'elles ne laissent pas place à l'imperfection et expriment ce qui doit être sans tenir compte de ce qui existe.

En elles-mêmes, cependant, elles sont simplement justes.

« ... Les prescriptions dont nous proposons l'insertion dans ce règlement, dit M. Napias, dans son rapport, ne sont pas toujours aussi sévères que celles que les Sociétés privées contre les accidents du travail imposent à leurs adhérents et qui sont parfaitement obéies.

La Société rouennaise (Association normande pour prévenir les accidents du travail) étend aujourd'hui son action sur plus de 120 usines occupant ensemble plus de 50,000 ouvriers. L'Association des industriels de France, dont l'action se fait sentir dans 39 départements, a maintenant plus de 1,400 établissements protégés ainsi que plus de 170,000 ouvriers.

Ces seuls chiffres montrent que plus de 1,500 industriels de notre pays, antérieurement à la loi, avaient compris la nécessité des mesures de sécurité et qu'ils sont disposés à accepter les prescriptions relatives à l'hygiène de leurs ouvriers. Il n'est pas sans intérêt de le constater ici pour répondre d'avance à cet argument qui attend toutes les lois et tous les règlements : que ces lois et ces règlements ne sont pas applicables.

Dans l'espèce, la preuve est faite, l'application existe ; on peut dire que la loi était entrée en fonctionnement avant d'avoir été votée ; si cette loi était nécessaire, et s'il faut la compléter par des règlements, c'est qu'à côté de ces 1,500 industriels soucieux de l'hygiène, et en tous cas de la sécurité de leur personnel, presque tous les autres restaient indifférents à ces questions si importantes qui ont si justement occupé le législateur.

Mais si la loi et le règlement n'ont rien d'exagéré en eux-mêmes, si nous devons reconnaître que leur exécution est possible, qu'elle doit même être exigée intégralement, c'est à la condition qu'ils n'aient pas, pour ainsi dire, un effet rétroactif.

Expliquons-nous : l'application stricte de certains articles, que nous avons signalés au passage comme pouvant nécessiter des modifications importantes dans les établissements déjà existants, peut devenir excessivement onéreuse pour ceux-ci.

Dans son ensemble, le règlement représente les meilleures conditions d'une industrie dans l'état actuel de la science. Approprier à ces conditions un local de construction ancienne est toujours difficile, souvent réellement impossible.

L'établissement d'escaliers incombustibles, l'obligation éventuelle de construire des locaux spéciaux pour les repas, peuvent devenir parfois une source de dépenses excessives ; mais, que dire de la nécessité de laisser entre les machines des passages de 80 centimètres ? Là où cet écartement n'existe pas, cela peut équivaloir à la démolition complète de l'usine ou à sa fermeture. (Nous n'insistons pas sur la disposition relative aux cabinets d'aisances, dont l'observation ne dépend pas uniquement des chefs d'industrie, et qui semblent exiger des villes des travaux d'assainissement considérables.)

Au contraire, lors de l'installation d'une industrie, rien n'est plus facile que d'obtenir l'observation de la loi. Ne pourrait-on subordonner, comme dans certains pays (la Russie, la Norwège, l'Autriche, par exemple), l'ouverture de l'établissement à une autorisation préalable, soit de l'inspecteur, soit de l'administration, généraliser la disposition qui a été prise dans la présente loi, relativement aux puits absorbants, mais en y ajoutant un avis de l'administration à l'inspecteur ?

Les plans autorisés seraient communiqués à celui-ci qui vérifierait leur exécution ; comme cela est réglé par la loi autrichienne.

Il serait facile aussi d'exiger du constructeur, comme cela a lieu en Danemark, qu'il ne fournisse ses machines que munies des appareils de préservation.

Dans le cas d'une industrie déjà existante, ne pourrait-on accorder quelques tolérances temporaires, et qui seraient toujours révocables à la suite d'un accident constaté ? On assurerait provisoirement la sécurité et la salubrité dans la limite du possible, et l'on procéderait avec ces industries comme le fait l'administration à l'égard des maisons frappées d'alignement.

Quoi qu'il en soit, toutes ces prescriptions coustituent dès à présent des armes excellentes aux mains d'une inspection peu disposée à en abuser ; c'est la sollicitude qui prend la place de l'inconcevable négligence qui a régné pendant un siècle ; c'est l'avènement d'une réglementation considérée, non plus comme une mesure d'exception, comme une nécessité temporaire, comme un pis-aller, mais comme un principe général, comme un facteur de la vitalité nationale, comme une forme de la justice.

Nous avons vu successivement la protection s'étendre des enfants aux jeunes gens et aux femmes, des femmes aux hommes adultes ; bientôt, sans doute, une réglementation homogène s'appliquera à tous ; bientôt aussi, des lois sur la responsabilité des accidents, sur l'interdiction du travail industriel aux accouchées, sur les règlements d'atelier viendront compléter le code du travail et apporter des éléments indispensables à la vigueur et à la prospérité de la race.